48
Lb 2441.

MP S0073626

LE GOUVERNAIL

DES PEUPLES,

ou

LE FLAMBEAU

DE LA PAIX,

Ouvrage tout a la fois héroïque, historique, politique et chronologique ;

Contenant aussi le Panégyrique de nos augustes Princes et Princesses, celui des Nations suisse et genevoise, leurs alliées, ainsi que le Panégyrique des Bordelais et de leur merveille, le Pont, etc., etc.

Envoyé au roi pour le jour de sa fête, la saint-louis.

Sa bonté, ses vertus, de nous le font chérir,
Et le jour de sa fête, est pour nous un plaisir.

A BORDEAUX,

CHEZ LAVIGNE JEUNE, IMPRIMEUR DU ROI ET DE LA PRÉFECTURE, RUE PORTE-DIJEAUX.

6 août 1823.

CONFESSION EXPRESSE

DE L'AUTEUR.

1.º *Je m'humilie devant la Majesté de l'Être-Suprême, Dieu que j'adore.*

2.º *Je m'abaisse devant le Roi, que je révère.*

3.º *Je chéris* MADAME.

4.º *J'aime* MONSIEUR.

5.º *J'estime* LOUIS, *chef des armées.*

6.º *Je remercie sincèrement, et j'ai le plus profond respect pour la Veuve.*

7.º *J'offre mon bras et ma plume à l'orphelin,* LE DUC DE BORDEAUX.

8.º *J'ai l'honneur de faire ma révérence très-humble à* S. A. R. MADEMOISELLE *de France, à laquelle je demande sa puissante protection.*

J'ai fait cette confession, afin de prouver à MM. les Bordelais, que je veux bien souffrir avec plaisir qu'ils surpassent toute la France entière pour l'amour et l'attachement qu'ils portent à nos augustes Bourbons ; mais comme ami de Pichegru, je ne veux, ni je ne dois leur céder.

Cet ouvrage se trouve chez M. DEVILLE, rue du Fort-Lesparre, N.º 2, à Bordeaux ;

Chez l'imprimeur, M. Lavigne jeune, rue Porte-Dijeaux, N.º 7 ;

Et chez
- Gayet aîné, libraire, fossés du Chapeau-Rouge, N.º 3, à Bordeaux ;
- J. J. Paschaud, imprimeur-libraire, à Genève ;
- Lacombe, libraire, à Lausanne ;
- Bourgdoffer, libraire, à Berne.

(PRIX DEUX FRANCS).

Tous les exemplaires seront revêtus de ma signature.

AVERTISSEMENT.

Ouvrage sur les Genevois et les Suisses de Château-Vieux, de tout temps sous les mêmes drapeaux au service de la France, comme étant ses plus fidèles alliés. Cet ouvrage fait aimer la vertu et détester le vice. Étayé des principes monarchiques qui sont toujours émanés d'une saine religion qui prouve à tous les peuples qu'il n'existe point de valeur, point de mâle courage, ni de louables armes, que chez les guerriers qui s'arment et meurent pour un Prince légitime.

Honneur aux Château-Vieux qui tinrent leur serment
Pour le trône et le Roi, jusqu'au dernier moment :
Mourir pour une cause en tout point légitime,
Était pour ces héros l'effort le plus sublime.

Les anciens donnèrent le nom de héros aux guerriers qui périrent en soutenant le siége de Troie. Les Genevois et les Suisses avaient déjà mérité ce nom au siége de Nancy ; mais ils l'ont encore doublement mérité au siége qu'ils soutinrent à Paris en 1792, où ils périrent tous.

Par DEVILLE, *historien contemporain, ex-officier sous le général Pichegru, pensionné pour les Beaux-Arts, et pensionnaire du Roi ; Français jusqu'à l'époque où les Genevois ont englobé mon lieu natal en reculant leurs limites sous les murs de Fernay-Voltaire, par le traité fait l'an du bonheur 1814.*

PRÉFACE.

La connaissance parfaite que j'ai du caractère des Genevois et des Suisses, de leur histoire, de leurs usages et leurs mœurs, m'autorise jusqu'à décider ici, et donner en précepte, que je ne connais pas de nation qui ait de meilleures maximes de morale, et qui aime plus à marcher dans l'étroit sentier de l'honneur, que les nations suisse et genevoise, lesquelles j'assimile à Solomon pour la sagesse, et à Annibal pour la fidélité à tenir leurs promesses.

Si j'avais pu me flatter en composant cet ouvrage, qu'il fût agréable au Roi et à mes compatriotes, je suis persuadé que cette idée, suppléant au talent qui me manque, m'aurait donné le moyen de rendre mon ouvrage plus digne du Roi et des deux nations auxquels je le dédie.

DÉDICACE.

A SA MAJESTÉ LE ROI DE FRANCE
et de Navarre,

Sire,

Malgré que j'aie ressenti au fond de mon cœur toute l'énorme peine de changer de patrie, sans l'avoir mérité, mon bras continuera d'être votre appui, et ma plume prendra toujours votre défense.

J'ai l'honneur d'être,

Sire,

De Votre Majesté,

Le très-obéissant et fidèle sujet,
DEVILLE.

LE GOUVERNAIL

DES PEUPLES,

ou

LE FLAMBEAU DE LA PAIX.

Ouvrage héroïque, historique et chronologique, démontrant clairement à tous les peuples que leur vrai bonheur gît dans la soumission et le respect que chaque nation doit porter à son Prince ou Gouvernement légitime. Donnant aussi le point fixe sur les grands événemens, sur les hauts faits d'armes dont il s'agit. Adressé à Sa Majesté le Roi de France et de Navarre, qui daignera permettre d'en faire part aux cantons Suisses, et particulièrement à celui de Genève qui a donné le jour au général de Château-Vieux, déjà connu à la bataille de Fontenoy, et commandant les Genevois et les Suisses au siége de Nanci, époque à jamais mémorable, par la grande résistance qu'ils firent contre une armée innombrable. Louis XVI, de glorieuse mémoire, reconnaissant leur vertu royale et guerrière, ordonna une fête en leur honneur, qui fut célébrée le 25 Avril 1792. Ces soldats furent ceints de lauriers, portés en triomphe et traînés sur des chars par les Parisiens ; ce dont je fus témoin.

Cet hommage, rendu à la valeur des Château-Vieux, perpétue le nom du meilleur des Rois, et honore la capitale, qui n'avait point oublié que ces deux nations, de tout temps sous les mêmes drapeaux, avaient déjà sauvé la France aux batailles d'Arques et d'Yvri, commandées par le Grand Henri IV. Les sincères remercîmens que ce Prince magnanime fit aux Suisses, après la bataille d'Arques, ajoutent encore aujourd'hui à la renommée de ces deux nations et à la gloire du général Hulin de Château-Vieux, de Genève.

ÉPITRE A SA MÉMOIRE.

Tous les grands généraux sont les soutiens des Rois ;
En défendant leur trône ils maintiennent leurs lois ;
Vainqueurs dans les combats ils partagent leur gloire,
Et les lauriers sacrés qui suivent la victoire.
O Roi ! qui protégez les guerriers vertueux,
Permettez-moi qu'ici je cite Château-Vieux,
Honorant tour à tour et la Suisse et Genève,
Pour défendre le Roi ne craignit point le glaive ;
Commandant ses soldats, Suisses et Genevois,
N'aspira qu'à l'honneur de soutenir nos Rois ;
Je voudrais bien chanter son mérite et sa gloire ;

Mais je suis par trop loin du temple de Mémoire :
Cependant, Château-Vieux, je cherche à m'enhardir,
Pour parler des lauriers que l'on t'a vu cueillir.
Je voudrais retracer, d'une main plus savante,
Ta vertu, tes hauts faits, ta carrière brillante :
Connaissant tes exploits lorsque dans les combats,
Sous les murs de Nanci, suivi de tes soldats,
Tu soutins si long-temps, de ton bras redoutable,
Ses remparts qu'assiégeait une armée innombrable ;
La France qui t'admire et connaît ton talent,
Présage pour les tiens un avenir brillant ;
Quand forcé de céder, en perdant la victoire,
Tu te couvris encor de lauriers et de gloire ;
Combattant pour Louis tu fus encor plus grand,
Que n'est dans la victoire un fameux conquérant.
Oui, c'est en défendant notre bon Roi de France,
Que de tes fiers soldats on connut la vaillance ;
Tu rends les Genevois, les Suisses, immortels,
Et par eux tes hauts faits, ton nom, sont éternels.
Le grand Rousseau, montant au temple de Mémoire,
En vain des Genevois voulut ternir la gloire.

Dans sa *Nouvelle Héloïse*, 7.me volume, page 58, Rousseau dit des Genevois : Ils sont plus passionnés d'argent que de gloire ; que pour vivre dans l'abondance ils meurent dans l'obscurité, et laissent à leurs enfans, pour tout exemple, l'amour des trésors. Toutes les nations connaissaient avant Rousseau tout le bien qu'il dit des Genevois, afin d'en pouvoir dire du mal ; mais ces mêmes nations ignoraient très-parfaitement, avant son Héloïse, toutes les mauvaises épithètes dont Rousseau les accable. J'ai toujours rendu la justice légitimement due aux habitans de Genève, qui, de temps immémorial, vécurent libres, quoique placés au centre de grands états, qui n'ont pu les dissoudre, faisant face à tous les Potentats de l'Europe, les uns après les autres, en leur présentant les armes de tous côtés.

Page 48, il dit encore : Les Suisses et Genevois, qui se piquent de bien parler, ne savent pas écrire le mot *orgue*, et que dans la plus grande église de la Suisse, il n'y a qu'un barbouilleur pour toucher de l'orgue. Lausanne a donné le jour à Tissot, le génie d'Hypocrate, de Galien et de Boehraave. Tissot vivra éternellement dans les annales de l'humanité. Rousseau a trop rabaissé ces deux nations qui méritent l'éloge que je fais d'elles.

Sa plume les voua tous à l'obscurité ;
Blessé dans son orgueil, oubliant l'équité,
Rousseau, dans ces momens, envers eux fut extrême ;
En les dépréciant fit injure à lui-même ;
Rousseau, des Genevois, connut fort mal les droits ;
Bien plus heureux que lui je connais leurs exploits ;
Ce n'est pas tout d'avoir une rare éloquence,
Il faut encor dans tout démontrer l'évidence.
Rousseau ne devait pas, malgré tout son talent,
Devenir le censeur d'un peuple qui, l'aimant

Toujours, a conservé du respect pour sa gloire,
Et se fait un plaisir d'honorer sa mémoire.
Tout écrivain devrait tracer la vérité,
Être juste envers tous sans partialité.
A leur valeur, Rousseau fait un outrage insigne,
Leur front n'en rougit point, leur honneur s'en indigne.
Je dois venger ici ces guerriers pleins d'ardeur,
Dont le courage seul ne fait pas la grandeur ;
Qui bravèrent eux seuls, dans cette circonstance,
Le choc des assassins qui ravageaient la France.
Soudain des bataillons, envoyés par l'enfer,
Les firent succomber et périr par le fer ;
Rien ne put seconder leur sage prévoyance,
Sous leurs coups répétés succomba leur vaillance ;
C'est là qu'on égorgea la vertu, la valeur,
Et le palais des Rois devint un lieu d'horreur,
Tout fut anéanti, plus d'espoir pour le trône,
Les cruels jacobins renversaient la couronne,
Il ne fut plus permis de veiller sur un Roi ;
Le sang coulait par-tout sans jugement, sans loi ;
Par-tout l'œil égaré voyait des fusillades,
De vils assassinats, de cruelles noyades ;
Le pays des plaisirs, l'asile du bonheur,
Ne fut plus qu'un séjour de deuil et de terreur ;
L'homme de bien captif, et sans nulle espérance,
Regrettait le Bourbon qu'avait perdu la France.
Apprenons désormais à défendre nos Rois,
Et sachons imiter les Suisses, Genevois.
Rousseau, plus tard peut-être, eût reconnu leur gloire.

Ah ! si mes vers pouvaient consacrer leur mémoire,
Témoin de leurs succès, présent à leurs combats,
J'aurais fait des héros plutôt que des soldats !

Oui, le massacre que l'on fit de ces vaillans guerriers qui avaient, quatre mois auparavant, fait l'admiration de la France entière; et la mort du meilleur des Rois ont imprimé une tache ineffaçable sur une nation qui serait, à juste titre, la première de toutes les nations du monde, si l'énorme masse n'eût pas cédé à une faible et légère partie d'intrigans, dont le bonheur de tous faisait le tourment. J'assimile la valeur des Suisses et des Genevois dans la journée du 10 Août 1792, à celle des 300 Spartiates, au passage des Thermopyles, où, à l'exception d'un seul, tous moururent pour obéir aux lois de leur pays.

Les Genevois et Suisses sont morts pour défendre et empêcher que la multitude ne s'emparât du Gouvernement : vu que la multitude en est toujours le destructeur, sur-tout en méconnaissant la personne sacrée du Roi, à qui les Château-Vieux avaient prêté le serment de mourir plutôt que de reculer; rien ne put les intimider ni différer l'attaque du combat, malgré qu'ils se voyaient entourés d'une armée incalculable, qui se grossissait sans cesse, et hérissée de pièces de canon, dont l'aspect et le nombre auraient fait pâlir les anciens Romains.

Les Suisses et les Genevois voyaient leur perte

assurée comme l'était celle du chevalier d'Assas, s'il proférait une seule parole, ce qui lui arriva, en s'écriant, à moi d'Auvergne ! voilà l'ennemi. Ce noble chevalier n'hésita pas à sacrifier sa vie pour sauver l'armée, de même les Suisses sacrifièrent la leur pour sauver un bon Roi, qui faisait successivement le bonheur de son peuple depuis quatorze cents ans. Or, j'ai l'honneur de demander à Votre Majesté que, puisque Lacédémone a élevé un monument avec cette inscription : *Passant, vas annoncer à Lacédémone que nous sommes morts ici pour obéir à ses lois*, je désire qu'à Genève, à la porte de France, il soit élevé un monument avec ces mots : *La patrie reconnaissante a érigé ce monument à la gloire des Château-Vieux, qui furent chargés de lauriers, portés sur des chars de triomphe par les Parisiens.* (Fait historique qui a eu lieu le 25 Avril 1792).

> Immortels Genevois, la France vous honore,
> Elle vous décerna le prix de la valeur,
> Et dans ce monument vous respirez encore,
> Étant morts en héros sur le champ de l'honneur.

(Siège de Nanci, 10 Août 1792).

SIRE,

Le burin de l'histoire réclame de votre règne l'immortalité qu'ils ont dignement acquise par leurs travaux guerriers, en faisant connaître à nos derniers neveux les faits historiques par des monumens qui en représentent la véracité, attestée par leur noble dévoûment, et dont le vaste avenir vous aura une reconnaissance éternelle. Les combats suivans en sont encore un second garant: 1.º le combat de Saint-Jacques-l'Hôpital, au canton d'Uri, où douze cents Suisses soutinrent l'effort de l'ennemi, au nombre de soixante mille hommes, qui paya sa victoire de la perte de huit mille soldats; 2.º dans l'histoire de Louis XI, on trouve que les Suisses, au nombre de trois mille hommes, soutinrent l'effort de l'armée du Dauphin, composée de quatorze mille Français et de huit mille Anglais; ce combat se donna près de Bottelen, et les Suisses y furent presque tous tués; 3.º à la bataille de Morgarten, en 1315, trois cantons, au nombre de mille trois cents Suisses, mirent en déroute l'armée de l'archiduc Léopold, composée de vingt mille hommes, près de Wesen; 4.º dans le canton de Glaris, trois cent cinquante Suisses défirent huit mille Autrichiens: tous les ans on en célèbre la mémoire sur le champ de bataille. A la bataille de Rosbach, en 1757, le Roi de Prusse disait, en parlant des Suisses: Que font donc ces briques que l'on voit là-bas? ce sont des murailles, puisqu'elles ne remuent pas?

Le mot briques est une métonymie, qui signifie changement de nom, ou nom pris pour un autre. Au lieu de dire, les habits rouges des Suisses, le Roi de Prusse a fait la plus belle figure de rhétorique que l'on puisse faire; il a fait aussi une belle et riche métaphore, en les comparant à une muraille. Ce Roi guerrier honore à jamais le caractère, la tenue sévère des Suisses, quand ils présentent un front de bataille. Si J.-J. Rousseau avait porté l'épée et la brique aux armées comme les Suisses et les Genevois, il aurait appris alors, que souvent le courage se cache sous l'apparence d'une timidité modeste, qui n'attend que la circonstance pour s'immortaliser. C'est ce qu'ils ont fait.

Sire,

J'ai cru bien faire d'intercaler dans mon ouvrage la bravoure du colonel des Suisses, qui semblait sortir et renaître de la cendre des deux nations dont je parle; je le cite comme l'un des plus vaillans personnages de tous ceux qui ont eu l'honneur de vous prêter serment; lui seul a prouvé jusqu'à quel point les cantons suisses et genevois, vos fidèles alliés, vous sont dévoués, et jusqu'à quel point, dans cette circonstance, il se montra digne de Votre Majesté, et de porter les épées énormes et les pesantes armures des anciens Suisses.

Dialogue de M. d'Affry, colonel des Suisses, et du général Bonaparte.

M. d'Affry osa résister en face du tyran, et lui donner une leçon, dont les détails ne paraîtront pas sans intérêt.

Le 21 Mars 1815, Bonaparte lui fit dire qu'il passerait la revue de son régiment, le lendemain. Le colonel répondit : Je ferai mon devoir. Le même jour, il rassembla sa troupe, lui fit part de l'ordre qu'il venait de recevoir, et l'invita à lui dire, avec confiance, quelle conduite il devait tenir ; officiers et soldats s'écrièrent à la fois : Celle que prescrit le devoir.

Le 22 Mars, Bonaparte ne voyant pas les Suisses dans les rangs, dépêcha à leur colonel un de ses aides-de-camp, avec l'ordre très-précis de se rendre, sans délai, sur la place du Carrousel; le colonel répondit, avec beaucoup de sang-froid, qu'il ne reconnaissait que les ordres du Roi. Après la revue, Bonaparte fit inviter le colonel à monter au château ; il s'y rendit. Arrivé dans la salle des maréchaux, deux officiers se présentent devant lui, et lui demandent de rendre son épée : il la tira en effet ; mais la plaçant sur son bras, et reculant deux pas, il leur dit : Que le plus hardi de vous vienne la prendre. Cette résistance inattendue les déconcerta ; et sans insister, ils laissèrent passer le colonel, qui fut aussitôt introduit devant Bonaparte. Celui-ci, entouré d'un nombreux état-major, le fit approcher, et lui demanda, avec hauteur, pourquoi il n'avait pas obéi à ses ordres ? — Parce que, répondit-il, je n'en reçois que du Roi ou des cantons. — Savez-vous à qui vous parlez ? — Oui, je parle au général Bonaparte. — Vous parlez à l'empereur des Français ; et, à ce titre, je vous ordonne de vous rendre au Carrousel avec votre régiment, que je veux voir défiler. — Général, j'ai déjà eu l'honneur de vous répondre, que je ne recevais d'ordres ici que du Roi, auquel j'ai prêté serment. — Vous me l'avez prêté il y a cinq ans. — Vous m'en avez affranchi par votre abdication. — Je saurai vous en faire ressouvenir. — Vous aurez la bonté de vous rappeler que j'appartiens aux cantons. — Je les réduirai. — On ne réduit pas aisément trois cent mille hommes, résolus de perdre plutôt la vie que la liberté. — Cependant vous fûtes asservis par l'Autriche. — Et nous fûmes délivrés par Guillaume Tell.

VERS A CE SUJET.

D'Affry tint le serment qu'il avait fait au Roi,
Et brava le tyran qui lui faisait la loi,
Résista fièrement sans perdre contenance,
Et le laissa touché de sa noble assurance.

Inscription pour mettre sur les monumens des différentes villes de la Suisse.

La patrie reconnaissante a érigé ce monument à la gloire des Château-Vieux, qui furent chargés de lauriers, portés sur des chars de triomphe, par les Parisiens. (*Fait historique qui a eu lieu le 25 Avril 1792*).

Oui, Suisses immortels, la France vous honore,
Elle vous décerna le prix de la valeur;
Et dans ce monument vous respirez encore,
Étant morts en héros sur le champ de l'honneur.

Sire,

Mes écrits ne peuvent rien contre le grand Rousseau de Genève, écrivain profond qui grave fortement dans la pensée tout ce qui est sorti de sa plume; mais comme le vrai plaît à tous les gens de bien, l'on trouvera que différens faits d'armes que je rapporte n'existaient pas de son temps.

C'est sous ce rapport, que je suis fondé à dire et à faire connaître que les deux nations dont il est ici parlé, doivent passer pour modèle aux races futures, puisqu'elles ont fait un rempart de leurs soldats qui sont morts pour l'honneur et le Roi, à qui ils avaient prêté le serment de mourir plutôt que de violer ce noble dévoûment; cet exemple de fidélité doit vraiment et pour toujours influencer sur le cœur de tout homme qui prend les armes pour l'honneur. L'honneur nous vient du Roi, et le bonheur de l'obéissance aux lois.

L'exemple que les Suisses et les Genevois nous ont donné, doit multiplier à jamais les appuis du trône ; par leur exemple, nous devons retrouver cet enthousiasme de sentimens, ce vif intérêt que les Français avaient tant de plaisir à témoigner à leurs Rois pendant quatorze cents ans. Malgré la double énergie des Français pour leur Roi, et la grande conquête que le Roi fait tous les jours de sujets, et même des plus indifférens, j'ose dire qu'il serait le plus puissant des Princes, s'il pouvait compter sur la fidélité de tous ses sujets, comme il a droit à juste titre de compter sur la fermeté incorruptible des Genevois et des Suisses.

Mais, que dis-je, il est tel que les grands écrivains l'ont tracé et désiré dans tous les ouvrages, et sur-tout le grand Fénélon. Vérité que l'on ne peut me contester, puisque toutes les puissances l'ont prouvé, en nous rendant un Roi dont la politique fait le bonheur de son peuple, tant par ses vertus que par ses bienfaits, en cherchant le repos de l'Europe.

De la bonté de Dieu reconnaissons la main,
Et méritons l'amour d'un père et souverain.

Éloge de Saint Louis, *modèle de la religion et le père de son peuple, faisant allusion à* Louis XVIII, *aussi modèle des Rois de nos jours.*

Ma voix est faible, et pourtant j'ose encore
Chanter un Saint, un Roi que l'on adore ;
Sa piété, son cœur grand, généreux,
De ses sujets firent autant d'heureux ;
Il fut bon père, appui de la justice,
Tous ses bienfaits enchaînèrent le vice.
De tes sujets viens recevoir l'encens,
Viens écouter leur voix et leurs accens,
Viens reconnaître un peuple qui t'adore,
De tes vertus il se souvient encore.
O Roi très-saint reviens, descends du ciel !
Quitte un moment le sein de l'Éternel ;
Viens parmi nous, que son plus bel ouvrage
Daigne accepter notre sincère hommage.

Pour le Roi.

Et vous, grand Dieu, faites que le destin
Laisse à Louis le pouvoir souverain,
Et que long-temps la douce paix qu'il fonde,
Règne en tous lieux pour le repos du monde.

Vers pour mettre sur le monument que le Roi fait élever à Arbois, à la gloire de mon général en chef de l'armée du Nord (Pichegru).

Le plus digne des Rois qui lui rend les honneurs,
Sait, par son équité, conquérir tous les cœurs.
Ce héros, par le Roi, revivra dans l'histoire,
Le bienfait de son Prince éternise sa gloire.
Les habitans d'Arbois doivent se glorifier
Que leur ville ait produit ce célèbre guerrier,
Si grand par ses malheurs, sa brillante carrière,
Dont le crime, en secret, fit fermer la paupière.

Vers à Monseigneur l'Archevêque de Bordeaux, Père de l'Église et Patriarche de France.

De la religion, vous Ministre fidèle,
Qui de tous vos enfans encouragez le zèle,
Par vous, nous connaissons le vrai chemin du ciel,
Conduits par vos vertus, votre cœur paternel ;
Tant de bontés pour nous, et tant de patience,
Nous présentent de Dieu l'auguste ressemblance.

Vers à la mémoire de feu d'Autichamp, lieutenant-général des armées du Roi, cordon rouge et commandant de l'Ordre de Saint-Louis.

Le père d'Autichamp fut l'ami de son Roi,
Jusqu'au dernier moment lui prouva sa constance ;
Ni les persécutions, la rigueur de la loi,
N'ont jamais suspendu sa noble vigilance.
Dieux qui récompensez tous les cœurs vertueux
Qui donnent de l'honneur un si parfait exemple,
Qui mieux que d'Autichamp prétendrait d'être heureux,
Son zèle, ses vertus mériteraient un temple ;
L'auguste Louis XVIII a toujours près de lui
Charles qui, de son père, a toute la vaillance ;
D'Autichamp méritait ce précieux appui,
Et d'avoir pour ami notre bon Roi de France.

Vers sur les sept merveilles du monde, qui donnent l'avantage au Pont de Bordeaux, qualifié du nom de huitième merveille, élevée sous le règne de Louis XVIII.

Merveilles, gardez-vous d'une vaine arrogance,
L'honneur qu'on vous rendait n'appartient qu'à la France.
Celle qui vous surpasse est aux murs de Bordeaux ;
Elle commande à l'onde, et règne sur les eaux ;

Elle est digne des arts, de la terre et de l'onde ;
Cette merveille, enfin, fait la gloire du monde.
L'Univers étonné, contemple sa grandeur,
Rend hommage aux Bourbons, reconnaît leur splendeur.

 Les murailles et les jardins de Babylone, faits par Sémiramis, et qui portent le nom de merveille, n'étaient pas difficiles à construire sur la terre ; mais pour établir ce chef-d'œuvre de l'art sur un fleuve aussi redoutable que la Garonne, qui a montant et descendant, il fallait une intelligence dont il n'y a point d'exemple.

(M. Deschamps en est l'ingénieur).

Vers aux habitans de la cité du Douze-Mars, *qui jouissent d'une prédilection justement méritée, puisque le Prince lui-même les cite comme un modèle, en assimilant les habitans de Burgos à ceux de la Garonne.*

Sur la scène du monde où trouver des tableaux
Qu'on puisse comparer à celui de Bordeaux ?
On voit les Bordelais tout remplis d'allégresse,
D'accompagner les pas de l'aimable Princesse :
A voir ce mouvement et tout ce peuple heureux,
On ne sait qui l'est plus de la Princesse ou d'eux.

A Monsieur Courtade, rédacteur du Mémorial Bordelais.

Monsieur, jamais Geoffroy, ni sa vaste science
N'ont captivé l'esprit comme votre éloquence,
Votre style séduit, touche l'ame et le cœur,
Vous triomphez par-tout, même par la candeur.

Ces vers sont faits sur l'esprit que le rédacteur a répandu dans les journaux du 1.er Mai et du 23 Juin, relativement aux deux départs de notre auguste Princesse.

Je les cite comme les deux plus parfaits modèles de narration, et je dis plus, qu'il n'est jamais sorti de la plume des rédacteurs, ni des grands maîtres, des écrits qui se soient gravés plus fortement dans la pensée. M. Courtade a atteint le parfait sublime dans le genre démonstratif.

DÉFINITION DE LA JUSTICE.

La justice est la vraie base de toutes les vertus sociales. C'est elle qui, tenant la balance entre les membres de la société, la maintient dans l'équilibre ; c'est elle qui remédie aux maux qui pourraient résulter de l'inégalité que la nature a mise entre les hommes ; elle la fait servir elle-même au bien général ; c'est elle qui assure aux individus leurs droits, leurs propriétés, leurs personnes, leur liberté, et les met à couvert des entreprises de la force et des embûches de la ruse ; c'est elle qui les oblige à la bonne foi, à la fidélité dans leurs engagemens, et qui bannit du commerce le mensonge, la fraude, la surprise ; enfin, c'est la justiste qui, par des lois équitables, et par une sage distribution des récompenses et des peines, excite à la vertu, réprime le vice et ramène à la raison ceux qui seraient tentés d'acheter leur bien-être momentané, par l'ignorance ou l'infortune de leurs semblables.

PROSE A CE SUJET.

Je vais parler de Monseigneur le duc d'Enghien-Condé, Prince sorti de la plus ancienne maison de l'Univers ; Prince qui fut doué de tant de vertus privées, que si elles servaient de degrés pour monter au trône, il aurait pu y parvenir quoique particulier ; Prince qui fut exposé aux écueils de la bonne et mauvaise fortune, afin que, grand dans l'une et dans l'autre, il laissât à douter dans laquelle des deux sa vertu s'était le plus signalée ; Prince, le digne rejeton du grand Condé, qui avait, pendant dix ans de combats et de gloire, fait sonner la trompette de la renommée ; Prince qui fut pris par l'ordre du violateur des droits les plus sacrés ; Prince qui fut traduit et faussement accusé et condamné à mort, contre toute équité.

Interrogé : L'espoir du tyran fut pleinement trompé ; la fermeté du grand homme répondit à la valeur du guerrier ; il parla avec la noblesse et la simplicité qui convenaient à son caractère et à sa vertu. Pourquoi, lui dit le Juge, avez-vous porté les armes contre votre pays ? — Le Prince répondit : « J'ai combattu à la tête des Princes » et des émigrés français, pour recouvrer l'héri- » tage de nos ancêtres ; mais depuis que la paix » est faite, j'ai posé les armes et j'ai reconnu » qu'il n'y avait plus de Rois en Europe ». — Ses Juges, frappés de tant d'intrépidité et d'innocence, hésitèrent un moment ; ils écrivirent au tyran pour savoir sa résolution définitive. — Celui-ci renvoie la lettre avec ces trois mots au bas : Condamné a mort ! ! !

Dans le conseil privé qui eut lieu aux Tuileries, pour décider du sort de ce jeune Prince, Cambacérès opina pour lui sauver la vie. « Et depuis » quand (dit Bonaparte en colère), êtes-vous » devenu si avare du sang des Bourbons » ?

On a voulu excuser le conseil de guerre qui a condamné à mort Monseigneur le duc d'Enghien. C'était, dit-on, des militaires qui ne pouvaient qu'obéir. Les militaires doivent sans doute une obéissance passive, quand il s'agit de leurs devoirs comme militaires ; mais à Vincennes ils étaient des Juges ; ils ne devaient suivre que leur conscience, et la conscience d'un honnête homme lui défend de condamner un innocent. Les militaires sont accoutumés, par état, à affronter les dangers, à braver la mort ; les juges de Mgr. le duc d'Enghien, sont sans nulle excuse.

> Quand un maître aux sujets prescrit des attentats,
> L'on présente sa tête et l'on n'obéit pas.

Voici une anecdote précieuse à recueillir :

M. N.***, officier de ses gendarmes d'élite, fut averti dans la nuit, pour aller commander le détachement destiné pour Vincennes. Ce militaire avait été élevé dans la maison de Condé, et n'en avait pas entièrement perdu la mémoire. Il arrive et apprend l'odieuse commission dont il est chargé. Le jeune Prince l'aperçoit, le reconnaît et lui témoigne sa joie de le revoir. Celui-ci baisse la tête et ne sait que pleurer. On quitte ce repaire d'assassins, l'on descend dans le fossé par un escalier étroit, obscur et tortueux. Le Prince se retourne vers l'officier, et lui dit : Est-ce que l'on veut me plonger tout vivant dans un cachot? Suis-je destiné à périr dans les oubliettes ? — Non, Monseigneur, lui répond N.***, en sanglotant, soyez tranquille. On continue la marche, et l'on arrive au lieu du massacre. Le jeune Prince voit tout cet appareil, et s'écrie : Ah ! grâce au Ciel, je mourrai de la mort d'un soldat. Ce M. N.*** n'était pas le seul individu ayant eu des obligations à la maison Condé, que le hasard tendait témoin de cette catastrophe. La femme du commandant de Vincennes, avait été élevée par les soins de ces Princes ; elle avait donné des marques de la plus vive douleur à l'arrivée de Monseigneur le duc d'Enghien. Son effroi redoubla quand elle le vit passer pour aller à la mort. Sois tranquille, lui dit son mari, le bruit que tu vas entendre n'est que pour l'effrayer.

Ce commandant est celui qui dénonça Cérachi, Arena, Topino-Lebrun ; et pour récompense, il eut le commandement de Vincennes.

Aussitôt après la lecture du jugement, le malheureux Prince demanda un ministre de la religion, pour remplir ses derniers devoirs. Un sourire insultant, et presque général, accompagna la réponse que lui fit un de ces misérables, et dont voici les termes :

Est-ce que tu veux mourir comme un capucin? Tu demandes un prêtre ? bah ! ils sont tous couchés à cette heure-ci. Le Prince, indigné, ne profère pas un seul mot, s'agenouille, élève son ame à Dieu, et après un moment de recueillement, se lève et dit : marchons. Murat et Savary étaient présens à l'exécution : le premier, beau-frère, et l'autre aide-de-camp de Bonaparte.

En allant à la mort, Monseigneur le duc d'Enghien désira qu'on remît à une personne qui lui était extrêmement chère, une tresse de cheveux, une lettre et un anneau. Un soldat s'en était chargé; Savary s'en aperçoit, les saisit en s'écriant : Personne ne doit faire ici les commissions d'un traître.

Au moment d'être frappé, Monseigneur le duc d'Enghien, debout, et de l'air le plus intrépide, dit aux gendarmes : « Allons mes amis ».— Tu n'as point d'amis ici, dit une voix insolente et féroce ; c'était celle de Murat. Il fut à l'instant fusillé dans la partie orientale des fossés du château, à l'entrée d'un petit jardin. Les soldats se jetèrent sur lui, le fouillèrent, et s'emparèrent de deux montres qu'Hullin regretta, prétendant qu'on eût mieux fait de les donner aux pauvres. On le jeta de suite, tout habillé, dans un fossé creusé la veille, pendant qu'il soupait, à huit heures du soir. La pelle et la pioche avaient été empruntées à l'un des gardes de la forêt.

Ainsi fut égorgé, à la fleur de son âge, au milieu de la plus illustre carrière, un Prince, un héros couvert de gloire, comblé de tous les dons de la nature, doué des qualités les plus brillantes et des vertus les plus aimables, le modèle des guerriers, l'honneur de la noblesse, l'ornement, l'appui, l'espoir de la France, l'amour et l'admiration de l'Europe, en un mot, le digne rejeton du Grand Condé.

VERS A CE SUJET.

D'Enghien n'existe plus, l'affreuse destinée
De ses jours précieux abrégea la durée :
Un monstre osa porter ses parricides mains
Sur un mortel chéri des Dieux et des humains ;
Ce Prince infortuné fut l'espoir de la France,
Et l'on fondait sur lui sa plus chère espérance.
Cruel Napoléon ! qui t'engagea, dis-moi,
A verser sans sujet le pur sang de ton Roi ?
Craignais-tu pour tes jours, ou bien sa renommée
Excitait-elle en toi cette rage effrénée ?
La France vit ce crime avec des yeux d'horreur ;
Et quand tu pris alors le titre d'empereur,
Ton règne commença sous de si noirs auspices,
Qu'il effraya, dit-on, jusques à tes complices ;
Qui fit peser sur eux, après cet attentat,
Le surnom d'assassins, quoique crime d'État.
Tes lois, jusques alors innocentes et pures,
N'avaient jamais du peuple entendu les murmures ;
Les Français t'admiraient, et croyaient voir en toi
Le sauveur de la France et l'appui de son Roi :
Le peuple fut trompé ; t'asseyant sur le trône,
Des augustes Bourbons tu ravis la couronne ;
Tu ne mis plus de terme à ton ambition ;
Tu creusas ton abîme en perdant la nation ;
Mais Dieu qui conduit tout, voyant notre souffrance,
Nous rendit notre Roi, le bonheur de la France :

Il est digne du trône où régnaient ses aïeux,
Et son retour pour nous fut un bienfait des cieux.

J'ai l'honneur d'observer ici que je ne fais part que des productions que j'ai faites à Bordeaux, pendant mon séjour, lesquelles se terminent par les portraits de l'héroïne et du héros de nos jours. Je vais donc satisfaire, comme je le pourrai à la reconnaissance publique, en attendant que l'histoire, qui doit ce récit aux siècles futurs, le fasse paraître.

A S. A. R. Madame, *duchesse d'Angoulême, très-haute et très-puissante Princesse.*

Je voudrais célébrer, d'une voix éloquente,
La vertu, l'héroïsme et la bonté touchante
De la Fille des Rois, notre Reine en ce jour,
A qui nous consacrons nos vœux et notre amour.
La France te bénit, astre de bienfaisance ;
Par-tout où tu parais, ton auguste présence
Épanouit les cœurs ; les Français attendris
Honorent, chérissent la Fille de Louis ;
Elle est de notre Roi la compagne fidèle,
Lui prodiguant ses soins avec le plus grand zèle ;
Sa piété profonde et son cœur généreux,
Sont le refuge encor de tous les malheureux ;

Les airs vont retentir de ce cri d'allégresse :
Vive notre bon Roi ! Vive notre Princesse !

(*Mémorial Bordelais du dimanche* 23 *Mars* 1823, *douze jours avant son arrivée à Bordeaux*).

Je vais parler du héros de nos jours, de l'ami, de l'émule de Monseigneur le duc d'Enghien, en un mot, de Louis, nom que nos ancêtres aimaient, estimaient, révéraient et admiraient tant; nom qui fut pendant cinquante ans la terreur et l'admiration de l'Europe, par Louis XIV le Grand; nom que nous avons le bonheur de posséder doublement, l'un au cabinet, le Roi, l'autre à cheval, le Duc; le Roi tient le timon de la politique, le Duc celui de la guerre, afin d'établir leur renommée, non pas sur des conquêtes, mais bien sur la paix et le bonheur des peuples.

A Louis, *le très-haut et très-puissant Prince, général en chef de l'armée d'Espagne.*

Le Roi nous a choisi Louis pour commander,
Officiers et soldats vont tous se signaler ;
Les périls aux Français ne causent point d'alarmes,
A l'ennemi jamais ils n'ont rendu les armes.

Dieu, veillez sur Louis au milieu des combats,
Préservez à jamais le soutien des États !
Ce Prince, si chéri, devient notre espérance,
Ses vertus, ses talens, font l'espoir de la France.
Je me borne à ces vers que l'on doit approuver,
Car son nom, cher à tous, suffit pour le louer.

(*Mémorial Bordelais*, *du mardi 18 Mars 1823, vingt-deux jours avant son entrée en Espagne.*

J'ai cherché dans cet ouvrage, que j'ai l'honneur de présenter au public, à convaincre les hommes par les hauts faits historiques, par les vertus héroïques et sublimes dont je prouve l'évidence, à ramener les peuples à l'amour qu'ils doivent à leur Roi, dans lequel amour ils trouveront la première de toutes les vertus et le bonheur durable dont jouissaient leurs ancêtres;

Deuxièmement, à leur inspirer le profond respect que l'on doit porter à la religion, qui est l'ame d'un état;

Troisièmement, à leur faire craindre la justice, laquelle force tout individu à reconnaître ses lois établies pour le honheur de tous. Puissé-je avoir atteint ce but !

Puisse mon travail leur offrir des principes qui charment leurs loisirs et deviennent, en même temps pour eux, une source intarissable d'amour et de dévoûment à leur Gouvernement légitime !

Vœux des peuples pour le Roi *de France.*

Dieu ! que de ce bon Roi le pouvoir soit sacré,
Soutenu par les grands, des peuples révéré,
Suis, d'un œil vigilant, sa haute destinée,
Prolonge de ses jours la trame fortunée.

O bon Louis ! je t'offre mon hommage ;
Tu me vis naître ; et ni le temps ni l'âge
N'ont pu jamais effacer de mon cœur
Ton souvenir qui fait tout mon bonheur.
De *Fénélon* je voudrais la science,
Du grand *Voltaire* imiter l'élégance,
Être comme eux, surpasser les savans,
Pour te chanter en de plus dignes chants.

Post-scriptum. — Le grand Voltaire a dit, dit encore, et dira toujours :

Un parti ! vous, barbare, au mépris de nos lois,
Est-il d'autre parti que celui de nos Rois ?

FIN.

www.ingramcontent.com/pod-product-compliance
Lightning Source LLC
Chambersburg PA
CBHW061008050426
42453CB00009B/1325